LE
THÉATRE FRANÇAIS.

DE BUSSCHER, IMPRIMEUR, RUE DES SAINTS-PÈRES, N° 59.

LE THÉATRE FRANÇAIS,

MADEMOISELLE GEORGES-WEIMER

ET

L'ODÉON,

APPRÉCIÉS DANS L'INTÉRÊT DE L'ART DRAMATIQUE.

PAR M. FERDINAND S.-L.

~~~~~~~~~~

A PARIS,

CHEZ LADVOCAT, Libraire, Palais-Royal, Galerie de Bois, N° 195;

ET CHEZ TOUS LES MARCHANDS DE NOUVEAUTÉS.

1822.

LE
THÉATRE FRANÇAIS.

L<small>E SPECTACLE</small> est devenu un délassement indispensable pour toutes les classes de la capitale : quatorze théâtres en exploitation, attestent que jamais les riches n'ont été aussi dépourvus de ressources contre l'ennui, tandis que les classes industrieuses, commerçantes et laborieuses éprouvent le besoin de vivre un moment hors de leur sphère, pour affaiblir des chagrins, des regrets, des inquiétudes ou des fatigues. Car, il ne faut pas s'y tromper et regarder comme une preuve de prospérité générale ou de contentement, le thermomètre des recettes des spectacles ; en 1793, époque où tous les gens honnêtes avaient tant de sujets de tristesse et de si terribles appréhensions, les théâtres étaient également remplis de spectateurs, qui virent jouer les H<small>ORACES</small> *en quatre actes*, sans murmurer, de même qu'ils ont toléré, en 1821, la suppression de la tirade contre la censure, dans le *Mariage de Figaro*.

L'attrait qui entraîne tous les âges, toutes les conditions au spectacle, a-t-il contribué à l'amélioration de cette partie de notre littérature, et, de leur côté, les directeurs des amusemens du public font-ils, pour ce même public, tout ce qu'ils devraient faire?

Sans nous élever aux hautes régions de la critique littéraire, et sans descendre aux détails du luxe ou de l'agrément des salles, nous allons présenter quelques observations relatives au mode d'administration du premier Théâtre Français, celui de tous, dont la prospérité intéresse le plus les nombreux admirateurs des chefs-d'œuvre de Corneille, de Racine et de Molière; ces observations auront le double objet de démontrer que les sociétaires du Théâtre Français ne sont pas toujours maîtres de se régir comme ils l'entendent; que beaucoup d'autorités *occultes* viennent se joindre aux supérieurs qui leur ont été donnés, et qu'ainsi tourmentés et dirigés en sens divers, ils ne sont pas coupables de toutes les fautes dont on les accuse périodiquement dans des feuilles plus ou moins répandues, qui donnent les jugemens de leurs rédacteurs pour des arrêts irrévocables; la vérité ne règne pas toujours dans leurs assertions, qui ont pour résultat de propager une opinion fausse sur des faits qui se passent sous les yeux du public : pour rectifier ces assertions, il suffira d'examiner et de rétablir les faits.

Le Journal des Débats, dont la partie littéraire est constamment traitée avec un talent remarquable, est celui où l'on a dû être le plus surpris de trouver des provocations dirigées contre les règles établies et acceptées par les sociétaires du premier théâtre, dont la minorité n'a pas plus le droit de contester une délibération sociale, que la majorité du peuple n'aurait le droit d'attaquer les lois qui plaisent à la minorité de la nation, quand la majorité des chambres a concouru à la formation de ces mêmes lois.

« La comédie française (1) a comblé ses bons procé-
« dés à l'égard d'une ancienne camarade, en s'opposant
« par une délibération formelle, à ce que *Talma,*
« *Lafon*, Mlle. *Bourgoin* prêtassent l'appui de leur ta-
« lent à celui de Mlle. Georges dans sa représentation
« à bénéfice. Ici, malheureusement, le doute est impos-
« sible, car la délibération a été textuellement enre-
« gistrée aujourd'hui dans un journal. *Talma, Lafon,*
« Mlle. *Bourgoin braveront* une opposition émanée
« d'une autorité incompétente, et qui n'a aucun moyen
« d'action pour la faire respecter. La représentation de
« Mlle. Georges, telle qu'elle a été annoncée, a reçu
« la seule sanction dont elle eût besoin, celle des su-
« périeurs des deux théâtres; ces supérieurs sont trop
« élevés au-dessus de la sphère des passions, pour des-
« cendre jusqu'à des tracasseries qu'ils ont déjà termi-
« nées d'avance par leur assentiment, et l'espérance du
« public ne sera point trompée. Talma et Lafon,
« membres d'un théâtre royal, joueront dans l'intérêt
« d'une actrice membre d'un autre théâtre royal:
« Mme. Fodor chantera; d'autres sujets chéris du public,
« autorisés par leurs administrations particulières, plus

---

(1) Feuilleton signé C. Journal des Débats du 20 avril 1822.

« généreuses que la comédie française, y figureront à
« côté des précieux talens de la tragédie ; et la fameuse
« délibération ne fera qu'ajouter à l'attrait d'une repré-
« sentation que l'on va considérer, non plus simple-
« ment comme la récompense d'un beau talent, mais
« encore comme le dédommagement d'une persécution
« injuste. »

Voilà une attaque directe, mais du moins en termes honnêtes. D'autres feuilles, comme le Journal des Théâtres du 21 avril, s'étant plû à rédiger une diatribe injurieuse contre les comédiens français, nous ne nous en occuperons pas, (depuis long-temps on sait que des injures ne sont pas des raisons); nous ne répondrons donc qu'au rédacteur du feuilleton du Journal des Débats, ou plutôt à celui qui plaide la cause de Mademoiselle Georges.

La question qui se présente d'abord, quand il s'agit d'une représentation à bénéfice, est de savoir si les acteurs du théâtre dont le bénéficiaire sollicite le concours peuvent l'accorder. Si Mlle. Georges avait cru n'avoir qu'à le demander pour l'obtenir, probablement qu'elle ne se serait pas donné tant de mouvement pour le faire réclamer impérieusement. — Bien des gens se disent partisans des idées libérales, et sollicitent des actes arbitraires pour leur profit particulier.

Mademoiselle Georges est actrice d'un théâtre royal ; son engagement lui donne droit, au bout d'une année, à une représentation à bénéfice, comme complément de traitement annuel. De ce qu'il est d'usage que les acteurs des théâtres royaux se prêtent mutuellement l'appui de leurs talens pour les représentations à bénéfice, on veut en induire que Mlle Georges, du théâtre royal de l'Odéon, a droit de réclamer la coopération des acteurs qui peuvent lui être utiles dans les autres théâtres royaux, et qu'ainsi elle pouvait demander à la comédie française les acteurs qu'elle désirait pour certains rôles de la tragédie de Britannicus. Cette induction n'est pas fondée. Le concours des acteurs n'est dû que pour les représentations accordées après un temps de service déterminé par les ordonnances ou les règlemens. (1) On a invoqué ces mêmes règlemens pour les représentations de retraite de MM. Saint-Fal, Chenard et Baptiste cadet. Il existe aussi des représentations à bénéfice qui, bien qu'elles ne soient pas de retraite, sont la récompense de longs services. C'est pour ce dernier motif qu'ont été accordées les représentations pour Mlle Duchesnois et Mlle Mars, pour M. Talma et pour M. Damas. Il convient donc de distinguer les représentations qui ont pour but une récompense extraordinaire, d'avec les représentations à bénéfice pour surcroît ou complément de traitement ordinaire, complément, qui par cela seul qu'il devient exigible

---

(1) Ce temps est de 30 années pour la comédie française, de 20 ans pour l'Opéra Comique; en prêtant son concours dans ces limites, le Théâtre Français ne nuit point à son service, et d'ailleurs il y a réciprocité.

annuellement, ne constitue plus une récompense ou représentation extraordinaire.

Il ne serait pas inutile d'examiner si Mlle Georges était vis-à-vis de ses anciens camarades de la comédie française, dans des relations d'amitié où de convenances qui dussent obliger ceux-ci à sacrifier pour cette *reine* exigeante leurs propres intérêts, dont les actes sociaux sont les garans : mais il serait trop long d'énumérer les torts de Mlle. Georges, envers ceux qu'elle a abandonnés deux fois (en 1806 et en 1817), envers ceux dont elle a eu l'air de se rapprocher en 1821, rapprochement qui n'a été que simulé, et dont le but réel, pour Mlle. Georges, était de se faire valoir, de se faire désirer, et d'imposer des conditions pour son entrée à l'Odéon. On peut donc affirmer, sans risque d'être contredit, que les sociétaires qui n'avaient que des reproches à faire à Mlle. Georges, étaient dispensés de toute complaisance envers elle.

Cependant Mlle. Georges veut (et que peut-on refuser à une belle femme qui dit, je le veux) que certains acteurs de la comédie française, viennent ajouter à l'éclat de sa représentation ; et, sans se soumettre à demander l'agrément de la société dont ils sont membres, elle fait imprimer leurs noms sur l'affiche, leur faisant contracter de cette manière, envers le public, un engagement que peut-être ils ne pourront pas remplir.

Instruite des prétentions et des agressions de Mlle.

Georges, la comédie française s'assemble, reconnaît avoir de justes motifs de se plaindre de sa conduite, et ne se croyant pas obligée à reconnaître des torts par des actes de complaisance, elle arrête en assemblée générale, à l'unanimité moins une seule voix, (1) qu'aucun des sociétaires ne paraîtra dans la représentation à bénéfice que peut devoir à Mlle Georges le théâtre royal de l'Odéon.

C'est cette assemblée générale, composée des sociétaires et de leur conseil judiciaire, que M. C. du feuilleton des Débats, qualifie d'autorité incompétente *parce qu'elle n'a aucun moyen d'action pour faire respecter son autorité.* Puissamment raisonné. Ainsi, l'acte de société, la délibération approuvée de l'autorité supérieure, ne sont rien aux yeux de M C!....

M. C. dit que la représentation de Mlle Georges a reçu la seule sanction dont elle eût besoin, celle des supérieurs des deux théâtres; s'il en est ainsi, (et qu'il soit démontré qu'il y a unité d'administration), cela prouve de trois choses l'une : ou que les supérieurs ont été trompés, ou qu'ils n'examinent pas toujours ce qu'on présente à leur approbation, ou bien qu'il faut

---

(1) Apparemment que deux des trois acteurs cités par le feuilleton du Journal des Débats, étaient absens, à moins que par un motif quelconque ils ne se soient abstenus de voter.

les comparer au sénat de Venise qui, comme chacun sait, *jugeait toujours bien.*

M. C. invoque l'approbation donnée par l'autorité à la représentation de Mlle. Georges, composée *selon le bon plaisir* de cette actrice; — nous croyons pouvoir affirmer que la comédie française a soumis sa conduite à monseigneur le duc de Duras, pair de France, premier gentilhomme de la chambre du Roi, et que ce supérieur immédiat l'a approuvée.

Dans l'intérêt des sociétaires, il serait facile d'ajouter plusieurs considérations aux motifs qu'a dû donner la comedie française, en refusant de participer à la représentation de Mlle. Georges; il était de son devoir, quoiqu'on en dise, d'invoquer les principes consacrés par les réglemens auxquels elle est soumise; ce sont effectivement ces principes qu'il importe bien plus de voir respecter, qu'il n'était utile de chercher à combattre les vues d'intérêt personnel de Mlle. Georges. Si la comédie française n'eût été animée que des sentimens peu généreux que M. C. lui suppose, ne lui aurait-il pas été permis de dire encore que ses recettes d'avril avaient été réduites au tiers de celles des autres mois? en effet, après sept jours de clôture, il a fallu le 11, concourir à la représentation de retraite de M. Chenard: ce bénéfice a fait perdre trois recettes, celle du jour, de la veille et du lendemain.

Ne faudra-t-il pas, après qu'on aura satisfait à ce que réclame à juste titre Mme. V^e. Moreau, concourir encore à plusieurs autres représentations, au bénéfice de Mmes Desbrosses, Gavaudan etc.; et sans aller chercher les bénéficiaires hors du sein de la comédie, n'a-t-elle pas à donner, avant le 23 mai, une représentation garantie 24,000 fr. à M. Talma, représentation autorisée par monseigneur le duc de Duras, et qui est le prix de l'abandon par M. Talma, de son congé de deux mois? (1)

Avec toutes les charges extraordinaires et des frais ordinaires journaliers s'élevant à 1,400 f., (terme moyen) c'est-à-dire à 500,000 fr. par an, a-t-on lieu d'être surpris que la très-grande majorité de la société désire que tous les membres qui la composent lui consacrent leurs talens et leurs travaux ?

Mlle. Georges, disposée comme elle l'était, à exercer le pouvoir arbitraire et absolu, ne s'était point contentée de disposer d'une partie des acteurs de la comédie française; elle prétendait encore disposer à son gré de leur propriété; elle voulait (mais cette fois elle voulut en vain), que la pièce des *deux Pages* fît partie de

---

(1) La comédie française, à laquelle on reproche de ne rien faire pour le public ni pour les auteurs, a droit à leur reconnaissance; car ce sacrifice a été fait afin de mettre M. Talma à même de remplir les engagemens qu'il a contractés avec les auteurs de Régulus, Clytemnestre, Ébroïn, Charles VI, etc.

de sa représentation. Cependant la comédie avait prévenu Mlle. Georges que les *deux Pages*, d'après un acte notarié, appartenaient à la comédie française, en sa qualité de cessionnaire des droits de l'auteur, M. le baron Ernest de Manteufel, lequel est actuellement vivant, et l'a subrogée à tous ses droits d'auteur, droits qui conformément aux lois, ne seront éteints que dix ans après sa mort. La comédie française terminait ses observations, en invitant Mlle Georges à ne pas choisir cette pièce (1).

---

(1) Mlle Georges a substitué aux *deux Pages* un acte du *Mariage de Figaro*; ainsi le droit de la propriété l'a emporté, cette fois, sur l'influence féminine.

Nous dirons à l'occasion de la loi des dix ans, qu'il est effectivement bien dur pour des enfans de perdre au bout d'un si court espace de temps, les produits des œuvres d'un père ou d'un oncle; on devrait peut-être étendre le terme à 15 ans; mais ne doit-on pas convenir aussi que le domaine public, le progrès des lumières et l'avantage de la société tout entière, trouve son compte à voir s'accroître les richesses du génie? Chez une nation généreuse, on trouvera d'autres moyens d'indemniser noblement les fils qui n'auront d'autre héritage que le nom d'un père illustre.

Nous venons de répondre par la note qui précède, à la partie du feuilleton de M. C. dans laquelle il expose les craintes que la *comédie française ne pouvant pas mourir tant qu'il y aura un théâtre, rue de Richelieu,* si quelque

Après avoir rappelé ce qui s'est passé pour la représentation de Mlle. Georges, on voit bien facilement que MM. Talma et Lafon et Mlle. Bourgoin, faisant partie d'une société en quelque sorte commerciale (dont les membres sont solidaires entre eux), ont été généreux d'un bien qui ne leur appartenait pas; car tout est réciproque : et si les autres principaux acteurs composant la société jouaient alternativement pour le tiers et le quart pendant le cours de l'année, à qui M. Talma et Mlle Bourgoin, à qui M. Lafon notamment, (qui a joué six fois en 1821), iraient-ils demander leurs parts sociales? Car malgré les énormes subventions, si fatales

---

acte complaisant de Molière, de Racine ou de Voltaire venait à être exhibé, on ne pourrait plus imprimer, vendre ni représenter leurs ouvrages; cette plaisanterie, qu'on a cru excellente, vient après des raisonnemens peu fondés sur la propriété des *deux Pages*, dont Dezède n'a fait que la musique, quand on destinait cette pièce à la comédie italienne. — Admettant le raisonnement de Monsieur C., suivant l'hypothèse par lui créée, nous lui ferons remarquer que la faculté qu'acquiert un théâtre, de jouer tel ou tel ouvrage, est absolument indépendante de l'espace de temps écoulé depuis la mort de l'auteur : Racine est mort, et pourtant l'idée n'est pas encore venue au Gymnase Dramatique de représenter Athalie ou Esther; et il importe, pour maintenir les distinctions dans chaque genre, que tous les théâtres ne puissent jouer indistinctement toutes les pièces qui font partie du domaine public.

à l'esprit de société, la part sociale a toujours son mérite, et il est même quelquefois agréable de la toucher sans rien faire. — Qui est-ce qui acquitterait le loyer et les autres frais de la salle? On ne peut être généreux que de ce qui nous appartient; on n'est pas généreux pour prêter l'appui de son talent contre le vœu légalement exprimé de la société de laquelle on fait partie.

La chose est passée, la comédie française n'y donnera sans doute pas de suite (1); mais il y a eu abus ou conflit d'autorité.

---

(1).... Si, à l'occasion de la représentation de Mlle Georges
» qui doit avoir lieu dimanche (28 avril), le comité de sa-
» medi mettait au répertoire et sur l'affiche du lendemain
» les trois sujets qui doivent y paraître, il userait de son
» droit en leur faisant signifier, par huissier, la défense de
» jouer à l'Opéra, sauf à eux d'encourir les dommages et in-
» térêts qu'on pourrait leur demander, s'ils ne déféraient à
» la sommation. Mais la comédie française n'usera certaine-
» ment pas de ses droits, et ne poussant pas les choses à cette
» extrémité, en agit-elle donc, avec Mlle Georges, aussi mal
» que le prétend cette grande, cette admirable tragédienne?
» Que des sociétaires de la comédie française paraissent
» du consentement de tous dans des représentations à béné-
» fice, pour des artistes étrangers à leur théâtre, c'est ce qu'on
» voit tous les jours, et à cet égard les sujets de la compa-
» gnie fondée par Molière, sont d'une complaisance intaris-
» sable et digne des plus grands éloges. Ils ont joué naguère
» pour Chenard, à Feydeau; ils allaient jouer encore pour

Si la surveillance du théâtre français était confiée à une seule autorité ; si cette autorité était concentrée dans une seule main, la délibération des comédiens aurait été exécutée.

Quelle n'est donc pas la puissance de deux beaux yeux !....

Dans tout ce qui est arrivé à l'occasion de Mlle. Georges, il est impossible de ne pas reconnaître l'intention de favoriser le second théâtre français aux dépens du premier.

» la malheureuse veuve d'un acteur de ce même théâtre,
» quand Mlle Georges, sollicitant dans un brillant équipage,
» a trouvé les moyens d'obtenir une représentation qui éloi-
» gne celle d'une mère de famille réduite à solliciter *à pied*.
» Les sociétaires du premier théâtre que Mlle Georges avait
» désignés pour jouer dans son bénéfice ne pouvaient ob-
» tempérer à cette invitation sans causer un tort notable aux
» revenus de la société. Je sais bien que la bourse d'aucun
» des trois sujets ne souffrira que très-peu d'une diminution
» de quelques milliers de francs dans les revenus communs;
» que la subvention extraordinaire donnée à Talma, que
» l'argent touché par Lafond pendant une année où il a si
» peu joué, et que les revenus de Mlle Bourgoin mettent ces
» trois sociétaires au-dessus de ces petites considérations ; je
» le veux bien, mais les recettes n'en auront pas moins
» souffert. »

(Extrait du Pilote, n° 137. *Samedi* 27 *avril* 1822.)

Le second théâtre n'a pas suivi le but de son institution ; créé comme annexe, il est devenu théâtre rival : dans l'origine il devait former des sujets pour la comédie française ; les efforts qu'elle a faits pour obtenir Joanny, David, Mlle. Georges, Lafargue et Perrier ont tous été infructueux. Le pouvoir s'y oppose; on sait que Joanny avait même signé son adhésion à l'acte de société. Bien plus, une mesure récemment adoptée, et qu'il est aisé de voir qu'on a sollicitée dans la vue d'empêcher les comédiens français de recruter jamais à l'Odéon, ôte aux sujets de celui-ci le droit de venir rue de Richelieu, si ce n'est cinq années après l'expiration de leurs engagemens.

Si le second théâtre remplissait le but de son institution comme annexe, au lieu d'une rivalité nuisible à l'art, il concourrait à sa splendeur en formant une pépinière de sujets ; il s'est écarté de cette route qui était la bonne, et les écoliers transformés en maîtres nous rappellent la fable de *la grenouille qui veut se faire aussi grosse que le bœuf.*

Le second théâtre, protégé hautement, a pour apologistes plusieurs journaux, qui tous les matins embouchent la trompette pour annoncer et certifier ses succès; abandonné en quelque sorte à lui-même le premier théâtre fait honneur à ses engagemens, et n'oppose que le silence à ses détracteurs.

Il est une réflexion que ces derniers voudront bien permettre qu'on leur adresse : puisque, selon eux, les acteurs du second théâtre valent beaucoup mieux que ceux du premier, pourquoi venir chercher cette *pitoyable* comédie française pour une représentation destinée à charmer le public?

Le second théâtre, au lieu de joûer les ouvrages qui n'avaient pas été représentés depuis plusieurs années, ne s'est attaché qu'à ceux placés au courant du répertoire du premier.

Athalie.	Les Femmes Savantes.
Andromaque.	L'École des Maris.
Iphigénie en Aulide.	Tartufe.
Britannicus.	Les Fausses Confidences.
OEdipe.	Le Légataire Universel.
Tancrède.	L'Épreuve Nouvelle.
Adélaïde du Guesclin.	Les Jeux de l'Amour et du Hasard.
Zaïre.	Le Mariage de Figaro, etc.

Plusieurs de ces pièces doivent l'attrait qui y attire le public à l'ensemble parfait qu'on ne trouve qu'au théâtre de la rue de Richelieu; le public, peu satisfait, a fini par prendre quelques-uns de ces mêmes ouvrages en aversion.

Le second théâtre aurait fait preuve de plus de discernement, en s'emparant des pièces que le premier théâtre a le tort de laisser dans l'oubli :

Electre.	Le Méchant.
Hypermnestre.	Le Tambour Nocturne.
La Veuve du Malabar.	La Mère Coquette.
Le Siége de Calais.	La Feinte par Amour.
Gaston et Bayard.	Les Perfidies à la Mode.
La Mort d'Abel.	Le Séducteur.
Jean Calas.	L'Anglais à Bordeaux.
Philoctète.	Paméla.
Mélanie.	L'Écossaise, etc.

(Pourquoi aussi ne joue-t-on plus les deux Philibert; le chevalier de Canole ?)

C'est alors qu'il aurait rendu service à l'art en établissant une émulation qui aurait augmenté les jouissances des amateurs de la bonne comédie ; il aurait peut-être aussi rempli sa caisse, et ne serait pas tombé en direction ; car malgré les grands services qu'on prétend que Mlle Georges a rendus au second théâtre français, c'est depuis son entrée que les embarras sont devenus plus grands : elle a précipité la chute de la société ; et cependant l'Odéon ne paie ni loyer ni impôt, ce qui diminue ses frais d'au moins 100,000 francs.

La comédie française ne jouit d'aucune de ces exemptions ; si elle a perdu successivement plusieurs sujets distingués qu'elle regrette, cependant elle est encore et à juste titre, réputée le premier théâtre du monde. L'ensemble parfait qu'on y admire ne tient pas seulement aux talens des individus qui le composent, mais à l'entente de la scène, qui consiste à fournir au premier rôle les moyens de mieux le faire valoir. Sous ce rapport l'Odéon offre une différence sensible : tout le monde y joue *en premier rôle* ; chaque acteur ne s'occupe que de soi, afin de provoquer des applaudissemens ; le but personnel est souvent atteint, mais l'effet général est détruit. On peut vérifier notre observation, principalement dans la tragédie.

Qu'on ne croie pas que nous cherchons à décrier l'Odéon, nous le considérons, au contraire, par le fait de son institution primitive, comme étant à même de former des sujets d'autant plus précieux pour l'art théâtral, que c'est à la supériorité de notre littérature dramatique qu'il faut attribuer la prééminence de la langue française.

Les journaux qui attaquent la comédie française lui imputent des torts qu'elle n'a pas ; ils répètent sans cesse que si les recettes ne sont pas plus abondantes c'est que l'on sacrifie les intérêts des auteurs vivans ; cependant les droits d'auteurs payés par la comédie vont, dit-on, à près de 8000 fr. par mois. (Les ouvrages de MM. Lemercier, d'Avrigny, Lebrun, Alexandre-Duval, et de beaucoup d'autres, sont au courant du répertoire.)

On se plaint aussi du peu d'activité des comédiens; ils ont donné néanmoins depuis deux ans :

Tragédies nouvelles.

Démétrius, de M. Delrieux.

Clovis, de M. Viennet.

Le Duc de Bourgogne, de M. de Formont.

Zénobie, de M. Royou.

Jeanne-D'arc, par M. D'Avrigny.

Louis IX ; par M. Ancelot.

Marie-Stuart; par M. Lebrun.

Fackland; par M. Laya.

Sylla; par M. Jouy.

Comédies nouvelles.

Le Chevalier de Pomenars, en un acte et en prose par madame Gay.

Le Flatteur, en cinq acte et en vers; par M. Gosse.

Le Folliculaire, en cinq actes et en vers; par M. de Laville.

Le Paresseux, de M...... en trois actes et en vers.

L'Amour et le Procès; par M. Nanteuil.

Le Faux Bonhommme, en cinq actes et en vers; par M. Alex.-Duval.

Faliéro (1), drame en cinq actes et en vers; par M. G......*osse*

La Fontaine chez Madame de la Sablière, en un acte; par M. Naudet.

Le Ménage de Molière, en un acte; par MM. Justin et Naudet.

Les Plaideurs sans procès, de M. Étienne; en trois actes et en vers.

Le Chevalier de Grammont, en un acte; par madame Gay.

Le Mari et l'Amant, en un acte; par M. Vial.

---

(1) *Épreuve romantique*, qui a coûté 20,000 francs au théâtre français. Le goût du jour devait faire présager un succès; mais, ô prodige, *Faliéro est tombé!* Au surplus il n'y a que le caissier de la comédie qui ait le droit de se plaindre d'une cabale du bon goût contre un genre monstrueux qui menace d'envahir toute la littérature.

A quoi il faut ajouter les reprises, pendant le même tems, d'anciens ouvrages, avec nouvelle distribution des rôles :

Les Templiers.

Mithridate.

Athalie, avec les chœurs (1).

Mysanthropie et Repentir.

Maintenant il y a en répétition ou à l'étude :

1°. *Tragédies.*

Régulus.

Clytemnestre.

Ebroïn, maire du Palais.

La démence de Charles VI.

Les Chevaliers de Rhodes.

2°. *Comédies.*

Les Quatre Ages, en cinq actes et en vers.

L'Homme aux Scrupules, en cinq actes et en vers.

---

(2) Dont les frais extraordinaires sont de 1000 fr. par re-présentation.

Le Tardif, en trois actes et en vers.

Afin de monter les tragédies avec plus de soin, les sociétaires n'ont rien négligé pour les costumes; et les décorations, commandées à M. Ciceri, justifieront sans doute tout ce qu'on a le droit d'attendre de la réputation de cet artiste habile.

Voilà le tableau d'une partie de ce qu'a fait la comédie française : pouvait-elle faire davantage? — Non, et par trois motifs :

Premièrement l'intérêt de l'art, celui des auteurs, et le succès complet d'un ouvrage nouveau, ne peuvent être assurés que par une suite non interrompue de représentations, ce qui ne permet pas de donner des pièces nouvelles à des époques rapprochées (1).

En second lieu, le plus grand nombre des nouveaux

---

(1) Qu'aurait dit M. *Duval*, si on eût interrompu le succès de sa *Fille d'honneur* à la douzième représentation, pour jouer *Jeanne d'Arc*? Qu'eût dit à son tour M. *d'Avrigny*, si après 25 représentations on avait délaissé la *Vierge de Vaucouleurs* pour *Sylla*? Que dirait même M. *Jouy* (dont le dictateur a eu 50 représentations à 5000 fr.), si le superbe *forum* de Ciceri, relégué dans un magasin poudreux, faisait place sans retour à d'autres nouveautés?

Veut-on que la comédie, s'inquiétant peu de l'intérêt de

rôles est souvent distribué par les auteurs aux mêmes personnes, qui ne peuvent faire plus d'études extraordinaires qu'elles n'ont de tems à y consacrer; tems dont la durée est encore réduite par les congés annuels, accordés presque toujours au préjudice des intérêts généraux de la société.

Troisièmement enfin, il est du devoir des sociétaires, responsables de leur exploitation (même sur leurs biens personnels), de ne pas sacrifier les ouvrages qui plaisent au public, et les droits des auteurs eux-mêmes, en s'exposant trop fréquemment à une dépense certaine pour la mise en scène, et à la chance incertaine de l'arrêt favorable du parterre.

On reproche encore très-souvent à la comédie française de s'endormir sur ses richesses, qu'on lui impute à crime. Nous venons de prouver combien ce reproche est peu fondé; mais au surplus ses richesses, elle les a légalement acquises. Les fonds déposés au mont-de-piété sont le fruit de ses travaux; ils proviennent des retenues faites sur les appointemens.

Le théâtre français est propriétaire encore d'une inscription de cent mille francs de rentes, dont le gou-

---

l'art, oubliant les siens propres, joue, à l'imitation des théâtres secondaires, toutes les nouveautés bonnes ou mauvaises, — qu'on lui alloue une somme équivalente aux pertes infaillibles auxquelles elle s'exposerait.

vernement paie les arrérages tous les six mois; c'est sur ce fond que s'acquittent :

1°. Le loyer et les contributions.

2°. Les pensions de retraite, acquises par vingt et trente ans de services, et accordées suivant l'ordonnance du 14 décembre 1816 qui régit le théâtre français.

Les principaux sujets qui ont pris leur retraite sont MM. *Larive*, *Saint-Prix*, *Michot*, *Saint-Fal*, *Thénard*, *Baptiste cadet;* Mesdames *Devienne*, *Mézeray*, *Thénard*, *Volnais*, etc.

On ne saurait trop louer l'esprit de sagesse qui a présidé à la rédaction de l'article 3 (chapitre 2, titre 2) de l'ordonnance du 14 décembre; la pension est de *deux mille francs* pour *tout* sujet qui se retire après vingt ans, abstraction faite de la quotité de la part sociale qu'il a touchée; cette égalité consacrée après de longs services méritait bien qu'on en fît la remarque : — Quels qu'ait été le faste d'*Auguste*, les amours d'*Orosmane*, les écarts de *Célimène*, les malheurs de *Lisette*, et les infortunes de *Crispin*, ils jouiront tous au déclin de la vie d'un bonheur qu'ils fuyaient ou qui les avait fui.

La propriété du théâtre français, créé par Molière, ne s'est pas formée en un jour; autrefois même il ne suffisait pas d'avoir du talent pour y être admis, le titre de *comédien ordinaire du roi* s'achetait comme une charge, et il fallait déposer une assez forte somme en entrant dans la société; de nos jours, il faut sans doute beaucoup d'études pour se faire remarquer, mais les individus qui ont embrassé l'état de comédien et qui sont jugés dignes d'être agrégés au premier théâtre n'ont, d'après le mode d'association établi, pas de fonds à verser : les talens apportés à la masse commune et sociale, qui en profitera, suppléent aux capitaux.

Le chapitre des retraites, dans l'ordonnance de décembre 1816, n'est pas le seul qui mérite des éloges ; les 87 articles qu'elle renferme ont tout prévu et réglé avec précision et clarté. On a rassemblé et mis à profit les déclarations, arrêts, ordonnances, décrets et documens qui étaient épars; aucune disposition utile n'a été omise; les obligations et les droits respectifs sont spécifiés. Indépendamment de ce qui a rapport à la *surveillance, aux pensions et à leur mode de paiement, à l'administration ; au répertoire et aux emplois*, un chapitre particulier traite *des débuts et acteurs à l'essai;* un autre chapitre indique la marche à suivre vis-à-vis *des auteurs pour les pièces nouvelles, l'admission, la lecture, la distribution des rôles*, etc.

Cette ordonnance enfin est tellement combinée avec l'acte social, elle garantit d'une manière si positive les droits de tous, que les comédiens considèrent le réglement de décembre 1816 comme leur code, *leur Charte.*

Sous le double rapport de l'intérêt de l'art et des

comédiens eux-mêmes, il importe que cette ordonnance soit exécutée dans toutes ses dispositions; tous le désirent. Jusqu'ici on a dû être surpris de voir que le commissaire du roi, nommé, n'était pas même encore installé dans ses fonctions. Ce commissaire suffira, s'il exerce une surveillance régulière, pour assurer l'exécution des ordonnances et réglemens. Alors ceux des individus qui montreraient de la mauvaise volonté, ou qui voudraient isoler leurs intérêts des intérêts sociaux, pourraient seuls élever des plaintes.

L'autorité supérieure, au surplus, ne peut s'attribuer, à titre de surveillance, que le *pouvoir exécutif*, puisque la société du théâtre français est établie sous l'empire des lois civiles et constitutionnelles, et garantie par ces mêmes lois. On peut introduire des changemens dans les rapports de la comédie avec l'administration supérieure; mais on n'a pas le droit d'anéantir la comédie française; et on ne pourrait apporter le moindre changement au contrat social qui la constitue, sans indemniser les comédiens sociétaires, attendu qu'ils sont propriétaires, comme on l'a déjà dit, sous la protection que les lois assurent à tous, 1° des fonds de retenues déposés au mont-de-piété; 2° d'une inscription de *cent mille francs* de rente sur le Grand-Livre, au titre de la *comédie française*.

Le comité d'administration de la comédie est accusé, par certains journaux, d'exercer un pouvoir dictatorial; ceux qui l'accusent ainsi trahissent à la fois les motifs qui les dirigent et l'ignorance où ils sont des choses dont ils parlent à tort et à travers : le comité ne fait rien sans le consentement de l'autorité; chacune de ses séances est présidée de droit par M. l'intendant des théâtres royaux, et cela doit être ainsi : les comédiens sont considérés comme des mineurs, dès lors ils n'ont pas qualité pour agir par eux-mêmes, et ne peuvent rien faire sans l'approbation de leurs supérieurs.

Ainsi, les attaquer c'est attaquer leurs supérieurs, et mettre en doute la sagesse du monarque, qui a revêtu de sa sanction la loi qui les régit.

Il reste à justifier la comédie du reproche banal de ne pas accueillir les jeunes néophytes.

La comédie française a, depuis plusieurs années, ouvert des débuts dans tous les emplois : elle a puisé non-seulement au Conservatoire de Paris, mais en province, et jusqu'aux théâtres des boulevarts.

Elle a pris ce qu'elle a trouvé de mieux; ceux qui la dénigrent devraient lui amener les jeunes talens qui se cachent, si toutefois l'Odéon a ses cadres complets.

www.ingramcontent.com/pod-product-compliance
Lightning Source LLC
Chambersburg PA
CBHW060536050426
42451CB00011B/1763